Bibliografische Information der Deutschen Nationalbibliothek:

Die Deutsche Bibliothek verzeichnet diese Publikation in der Deutschen National-
bibliografie; detaillierte bibliografische Daten sind im Internet über http://dnb.d-
nb.de/ abrufbar.

Impressum:

Copyright © 2015 GRIN Verlag, Open Publishing GmbH
Druck und Bindung: Books on Demand GmbH, Norderstedt Germany
ISBN: 978-3-668-16429-1

Dieses Buch bei GRIN:

http://www.grin.com/de/e-book/317315/carl-rogers-und-die-drei-entwicklungspha-
sen-der-nicht-direktive-der

Victoria Theis

Carl Rogers und die "drei Entwicklungsphasen". Der nicht-direktive, der klientenzentrierte und der personen-zentrierte Ansatz

GRIN Verlag

GRIN - Your knowledge has value

Der GRIN Verlag publiziert seit 1998 wissenschaftliche Arbeiten von Studenten, Hochschullehrern und anderen Akademikern als eBook und gedrucktes Buch. Die Verlagswebsite www.grin.com ist die ideale Plattform zur Veröffentlichung von Hausarbeiten, Abschlussarbeiten, wissenschaftlichen Aufsätzen, Dissertationen und Fachbüchern.

Inhaltsverzeichnis

1. Einleitung

Der Titelbegriff der vorliegenden Arbeit „Carl Rogers- Vom nicht- direktiven zum Personenzentrierten Ansatz" lässt offen, ob Carl Rogers Werk in den Bereich der Psychotherapie bzw. Beratung fällt, oder ob es einer Methode der Gesprächsführung zuzuordnen ist. Der theorieleitende Aufsatz mit dem Titel „A Theory of Therapy, Personality and Interpersonal Relationship , as developed in the Client- Centered Framework" wurde zwar von Rogers verfasst, jedoch wurden die theoretischen Grundlagen „damals sehr vage vorformuliert."[1] Es wurde somit Raum geschaffen für eigenständige Entwicklungen und Begriffsformulierungen in verschiedenen Kontexten. Die vorliegende Arbeit befasst sich mit der Darstellung der sogenannten „Drei Entwicklungsphasen" im Werk von Carl Rogers. Als Orientierung dienen die von Sabine Weinberger benannten Phasen: Die nicht- direktive Phase; die klientenzentrierte Phase und die personenzentrierte Phase.[2] Die drei Phasen werden jeweils mit persönlichen Erfahrungen und Lernerlebnissen Carl Rogers gefüllt. Daneben wird das Menschenbild Rogers miteinbezogen, welches die Grundlage seiner Persönlichkeitstheorien darstellt. Zudem wird eine Variable genauer betrachtet, die für die jeweilige Phase von besonderer Bedeutung ist. Alle drei therapeutischen Einstellungen sind eng miteinander verbunden: „Es sind vielleicht drei Dimensionen eines elementaren Faktors."[3]
Die Schlussbetrachtung sowie der Ausblick geben einen Überblick über einige Schwierigkeiten des Ansatzes von Carl Rogers.

2. Die nicht-direktive Phase

Rogers erstes, in größeren Kreisen bekanntes Buch, wurde „Counseling and Psychotherapy" genannt, was in Deutschland unter dem Titel „Die nicht- direktive Beratung"[4] bekannt wurde. Die Worte „Beratung" und „ Therapie" werden hier nicht voneinander unterschieden. Später etablierte Rogers den „Personenzentrierten

---

[1] Vgl. Vorbemerkungen des Übersetzers in: Rogers 2009 S. 10ff
[2] Vgl. Weinberger S. 22 ff
[3] Rogers 2007a S. 163
[4] Rogers 2007

Ansatz" [5] . In Deutschland existiert zusätzlich die Bezeichnung der „Gesprächspsychotherapie", die auf Reinhard Tausch zurückzuführen ist.

In seiner Zeit als Leiter einer sozialpsychiatrischen Beratungsstelle versuchte Rogers in einem ersten Buch seine Erfahrungen theoretisch aufzuarbeiten, indem er sich mit dem damals gängigen Behandlungskonzept über sogenannte „Problemkinder" auseinandersetzte. Standardisierte Testverfahren sollten es ermöglichen zu verdeutlichen, „was nun gerade für dieses Kind oder für diese Familie geeignet sein könnte"[6].

Rogers gelangte während seiner Zeit in der Beratungsstelle zu der Erkenntnis, „dass der Klient derjenige ist, der weiß, wo der Schuh drückt, welche Richtungen einzuschlagen, welche Erfahrungen tief begraben gewesen sind, und dass der vom Klienten gewählte Problemlösungsprozess meistens der günstigste ist."[7]

Das für ihn entscheidende Ereignis hatte Rogers jedoch während eines Gespräches mit einer Mutter über deren Sohn. Die Unterhaltung wollte jedoch nicht so recht gelingen, weshalb Rogers vorschlug, das Gespräch zu beenden.

„Als sie dabei war, den Raum zu verlassen, drehte sie sich um und fragte: „Beraten Sie auch Erwachsene?" Verwirrt antwortete ich, dass dies manchmal der Fall sei. Woraufhin sie ihren Stuhl zurückkehrte, die Geschichte ihrer Schwierigkeiten zwischen ihr und ihrem Mann hervorsprudelte und von ihrem großen Bedürfnis nach Hilfe sprach. Ich war vollständig überwältigt. Was sie mir erzählte, ähnelte in keiner Weise der glatten Geschichte, die ich ihr entlockt hatte. Ich wusste kaum, was zu tun sei, also hörte ich erst einmal zu (...) Das war für mich eine Erfahrung von größter Bedeutung. Ich war ihr gefolgt, nicht sie mir. Ich hatte zugehört, anstatt sie zu dem diagnostischen Verständnis zu bringen, das ich schon erreicht hatte."[8]

Die Frau fühlte sich durch die mehr persönliche als professionelle Beziehung zu ihm freier, sodass die ehelichen Probleme und auch die Probleme ihres Sohnes abnahmen.[9] Der Klient und eben nicht der Therapeut bestimmt das, was innerhalb der therapeutischen Beziehung geschehen soll. Diese Art der Therapie ist somit weitgehend frei von therapeutischen Interventionen und deshalb „nicht- direktiv".

---

[5] Vgl. Kriz/Slunecko S. 7
[6] Groddeck S. 67
[7] Christen S. 28.
[8] Rogers Rosenberg S. 191 f
[9] Vgl. ebd.

Rogers stellt seine grundlegende Überzeugung „dass nämlich jedes Individuum die Fähigkeit besitzt, seine eigene Problemlösung selbst zu finden"[10] in dem Aufsatz mit dem Titel „The Process of Therapy" sehr anschaulich dar. Groddeck fasst einen von Rogers skizzierten idealtypischen Therapieablauf auf, in dem die „Grundlinien des nicht-direktiven Ansatzes"[11] enthalten sind:

„1. Therapie sollte einen guten menschlichen Kontakt zwischen Therapeuten und Klienten herstellen können, in dem der Klient sich sicher und akzeptiert fühlen kann. Der Therapeut müsse Balance finden zwischen Identifikation und Neutralität und sollte sich nicht scheuen, emotionale Wärme zu zeigen.

2. Der Klient sollte sodann seine Gefühle frei ausdrücken und auch ausagieren können. Da dies im Liegen auf der Couch nicht möglich sei, lehnte er das klassische Setting der Psychoanalyse ab und empfahl stattdessen das Setting des Gesprächs in der „face- to- face"-Situation.

3. Der Klient solle in einem Gespräch dann in den von ihm erlebten Gefühlen sein spontanes Selbst erkennen und akzeptieren.

4. Aufgabe des Therapeuten sei es, den Klienten anzuleiten, dass dieser verantwortliche Entscheidungen treffen kann.

5. Der Klient solle sodann zusammenfassende Einsichten aus der Arbeit gewinnen und formulieren (nicht der Therapeut!).

6. An Ende dieser therapeutischen Erfahrung solle schließlich ein Erziehungsprozess oder auch Umerziehungsprozess stehen. D. h. der Therapeut stellt in dieser Phase unterstützende Informationen bereit, damit der Klient seinen Weg alleine weitergehen kann. Lange andauernde Therapien seien nicht nützlich (Rogers 1940)".[12]

---

[10] Groddeck S. 70
[11] Groddeck S. 79
[12] Groddeck S. 79

Der Therapeut ist bei diesem Ansatz kein neutraler und emotionsloser Analytiker. Er begegnet dem Klienten auf Augenhöhe und gibt ihm die Möglichkeit, eigene Einsichten und Erfahrungen zu gewinnen. Emotionale Wärme und Akzeptanz sind dabei entscheidende Einflussfaktoren.

„Die wichtigste Technik besteht in der Ermutigung zum Ausdruck von Einstellungen und Gefühlen, bis sich das einsichtige Verstehen spontan und von selbst einstellt. Einsicht wird häufig durch Bemühungen des Beraters, sie hervorzurufen, verhindert und bisweilen unmöglich gemacht."[13]

In dem folgenden Werk Rogers „Counseling and Psychotherapy" bricht er mit vielen gängigen Vorstellungen und Selbstverständlichkeiten, die in der Psychotherapie noch breite Akzeptanz fanden.

„Anfängliches Interesse an der Diagnose wich einem viel stärkeren Interesse am Prozess der Beratung und Therapie."[14]

Für Rogers geht es in seinem Buch nicht um die Analyse und Diagnose, sondern vielmehr um die Therapie und das Verstehen des Individuums an Prozessen, an Hilfe zu gelangen.[15] Rogers fokussiert demnach die „Betrachtung als Prozess"[16].

„Der Terminus „Beratung" wird besonders im pädagogischen Bereich immer häufiger benutzt. Kontakte mit dem Ziel der Heilung und Wiederherstellung kann man als „Psychotherapie" bezeichnen; dieser Terminus wird meistens von Psychologen und Psychiatern verwendet. Im vorliegenden Buch werden all diese Bezeichnungen mehr oder weniger austauschbar verwandt werden, und zwar weil sie sich alle auf die gleiche grundlegende Methode beziehen- auf eine reihe direkter Kontakte mit dem Individuum, die darauf abzielen, ihm bei der Änderung seiner Einstellungen und seines Verhaltens zu helfen. (...) Es lässt sich (...) nicht bestreiten, dass intensive und erfolgreiche Beratung von intensive und erfolgreiche Beratung von intensiver und erfolgreicher Psychotherapie nicht zu unterscheiden ist. Beide Begriffe werden deshalb benutzt werden, da beide in diesem Fachbereich allgemein üblich sind."[17]

Rogers verwendet die Begriffe Beratung und Therapie synonym.

---

[13] Rogers 2007, S.177
[14] Rogers 2007 S. 13
[15] Vgl. ebd.
[16] Ebd. S. 17
[17] Rogers 2007 S. 17

Beratung sei in diesem Kontext jedoch kein „Allheilmittel für sämtliche Fehlanpassungen"[18], die überall angewendet werden könne. Sie ist eine Methode, *„wenn auch wichtige Methode im Umgang mit den zahlreichen Anpassungsproblemen, die das Individuum zu einem weniger nützlichen, weniger wirksamen Mitglied seiner sozialen Gruppe werden lasse."*[19]

Der Aspekt, der hier anscheinend zum Tragen kommt, findet sich eher im Bereich der Sozialarbeit. Das Individuum wird als Problem unzureichender gesellschaftlicher Anpassung[20] dargestellt. Die sich später entwickelnde Ansicht Rogers, dass der Mensch ganz die „Person als Mittelpunkt der Wirklichkeit"[21] darstellt, ist an dieser Stelle noch nicht eindeutig „klientenzentriert" entwickelt.

Mit Otto Rank benennt Rogers eine Quelle, die es erlaubt, die „neuere Psychotherapie" von der Psychoanalyse abzugrenzen.

„Der neuere Ansatz unterscheidet sich von dem älteren dadurch, dass er ein grundlegendes anderes Ziel hat. Er zielt direkt auf die größere Unabhängigkeit und Integration des Individuums ab, statt zu hoffen, dass sich diese Resultate ergeben, wenn der Berater bei der Lösung des Problems hilft. Das Individuum steht im Mittelpunkt der Betrachtung und nicht das Problem. Das Ziel ist es nicht, ein bestimmtes Problem zu lösen, sondern dem Individuum zu helfen, sich zu entwickeln, so dass es mit dem gegenwärtigen Problem und mit späteren Problemen auf besser integrierte Weise fertig wird. (...) Erstens stützt [sich der Ansatz] viel stärker auf den individuellen Drang zum Wachsen, zur Gesundheit und zur Anpassung."[22]

Das Menschenbild Carl Rogers in dieser ersten Phase ist demnach das Individuum, das den Drang zum Wachsen, zur Gesundheit und Anpassung aufweist.

Diese Auffassung hat zur Konsequenz, dass dirigistische Interventionen nicht die Aufgabe des Therapeuten sind. Er hat vielmehr die Aufgabe, den Klienten in seinem Streben nach Wachstum und Entwicklung zu unterstützen.

---

[18] Rogers 2007 S. 23
[19] ebd.
[20] „ Mit Anpassung ist nicht gemeint, dass das Individuum unkritisch die Forderungen von Autoritätspersonen oder Normen der Gesellschaft übernimmt, sondern dass es sich gewissermaßen an sich selbst anpasst, indem es seine Ziele auswählt, diesen Zielen entsprechend handelt und dazu fähig ist, Probleme und Schwierigkeiten aus eigener Kraft zu bewältigen." Bommert S. 15
[21] Vgl Rogers/Rosenberg 2005
[22] Rogers 2007 S. 36f

Rogers benennt zudem weitere Kriterien, die ältere und neuere Psychotherapie voneinander unterscheiden:

- die neue Therapie kommen vor allem emotionale Elemente und Gefühlsausdrücke zum Einsatz, anstatt intellektuelle Aspekte in den Vordergrund zu stellen: „Sie verwirklicht endlich die seit langem vorhandene Erkenntnis, dass die meisten Fehlanpassungen keine Mängel des Wissens sind, sondern dass Wissen unwirksam ist, weil es blockiert wird durch die emotionalen Befriedigungen, die das Individuum durch seine gegenwärtigen Fehlanpassungen erhält."[23]
- Innerhalb der neueren Therapie dominiert die derzeitige Situation, das „Hier und Jetzt" und nicht die Vergangenheit. „ Vergangenes ist zum Zwecke der Forschung und zum Verständnis der Genetik des menschlichen Verhaltens sehr wichtig. Für die Therapie ist es aber nicht unbedingt wichtig."[24]
- Die therapeutische Beziehung wird in der neueren Therapie als Erfahrung von Entwicklung und Wachstum erlebt. „In ihr lernt das Individuum, sich selbst zu verstehen, unabhängig zu entscheiden und sich erfolgreich und auf erwachsenere Weise in Beziehung zu einer anderen Person zu bringen."[25]

Rogers versuchte seinen Ansatz gegenüber den „älteren Theorien" mit Hilfe empirischer Forschung zu untermauern. Dazu gründete er eine „neue klinisch- psychologische Forschungseinrichtung"[26]. In „Counseling and Psychotherapy" werden verschiedene Interventionen und Kennzeichen des Direktiven und Nicht- direktiven Ansatzes aufgezeigt. Rogers und seine Mitarbeiter beschreiben dabei den wahrnehmbaren Prozess der Interaktion zwischen Therapeut und Klient. Eine Analyse, wie sie bei Freud zu finden ist, wird verzichtet. Der nicht- direktive Ansatz erfährt hierdurch eine besondere Beachtung.

Rogers stellt daraufhin „zentrale Merkmale jeder Art von Therapie" auf, die den Verlauf eines therapeutischen Prozesses beschreiben:

---

[23] Bommer S. 15
[24] ebd.
[25] Ebd.
[26] Pavel in: GwG S.25

1. *Katharsis: Der Berater ermutigt und unterstützt den Klienten, seine bis dahin unerkannten emotionalisierenden Einstellungen und Gefühle auszudrücken.*
2. *Einsicht: Die Konsequenz von Katharsis ist die Einsicht. Sie ist eine neue Art der Wahrnehmung, in die angesammelte Erfahrungen integriert werden. Vorher unverstandene Tatsachen werden in ihren Zusammenhängen erkannt. Die eigene Persönlichkeit kann stärker angenommen und akzeptiert werden. Vertrauen in die eigene persönliche Entscheidungskraft entsteht.*
3. *Positive Handlungen: Die durch Einsicht neu gewonnenen Ziele werden in selbst- initiierte Handlungen umgesetzt. Sie stellen die wichtigste Art von Wachsen dar und erzeugen neues Vertrauen und Unabhängigkeit.*[27]

Für Rogers wird dieser Prozess durch das bedingungsfreie Akzeptieren in Gang gesetzt. Der Berater legt eine positive, warme und entgegenkommende Haltung gegenüber dem Klienten zu Tage. Diese Art der Zuwendung ist vergleichbar „mit jener Gefühlsqualität, die Eltern für ihr eigenes Kind empfinden, wenn sie es als Persönlichkeit, ungeachtet seines augenblicklichen Verhaltens anerkennen."[28] Diese Zuneigung wirkt sich auf den Klienten aus, sodass er sich umsorgt fühlt und bereit ist eine neue Erfahrung zu machen: „Ich fühle mich bei ihr frei, das zu sagen, was ich denke."[29] Der Klient kann in dieser Beratungssituation auch unangenehme Aspekte seiner Person ansprechen. Die innere Welt seiner Gefühle kann nun erforscht werden. „Ob es Wut, Verwirrung, Zorn, Mut, Liebe oder Stolz, Feindseligkeit oder Zärtlichkeit, Auflehnung oder Fügsamkeit, Selbstvertrauen oder Selbstentwerten ist."[30]

Der Klient ist in dieser Phase selbst aktiv, während der Berater in erster Linie eine begleitende Funktion inne hat.

Weshalb der Klient überhaupt neue Erfahrungen machen will, ergibt sich laut Rogers nur dann „wenn aus einem Zustand der Unausgeglichenheit ein bestimmtes Maß an psychischer Not erwächst."[31] Um eine Entwicklung beim Klienten hervorzurufen, muss bei ihm deshalb ein Problem vorhanden sein, welches einen Leidensdruck in ihm hervorruft. Nur dann kann der Klient Schritte unternehmen, die ihn am Ende dazu befähigen, „sich völlig frei auszudrücken, wodurch er allmählich Einsicht in seine

---

[27] Rogers 2007, S.123. Vgl auch Christen S.74 ff
[28] Rogers 2007a S.155
[29] Tausch S. 73
[30] Nykl S. 19
[31] Rogers 2007, S.57

Situation und sein Verhalten gewinnen und aufgrund dieser Einsichten effektiver handeln kann."[32]

Rogers grenzt sich in der ersten Phase seiner Theorie sowohl theoretisch als auch praktisch von der traditionellen Psychoanalyse ab. Die Arbeit mit „Problemkindern" ließ ihn zu dem Schluss kommen, dass nur der Klient selbst erkennen und wissen kann, wo seine Probleme verborgen sind und wie mit diesen in Zukunft umgegangen werden soll. Rogers geht, wie etliche andere modernen Psychoanalytiker davon aus, dass dem Individuum ein inneres Bestreben nach Wachstum, Gesundung und Anpassung gegeben ist. Die Aufgabe des Beraters ist es somit nicht, dem Klienten Ratschläge oder Lösungsvorschläge anzubieten, sondern ihm eine angstfreie, entspannte Atmosphäre zu schaffen, in der sich der Klient in seiner Persönlichkeit ernst genommen und akzeptiert fühlt.

Die therapeutische Haltung des „bedingungsfreien Akzeptierens" erhält gerade deshalb in dieser Phase eine besondere Bedeutung.

3. Die Klientenzentrierte Phase

1945 ging Carl Rogers an die Universität in Chicago, wo er die Möglichkeit erhielt, eine neue Beratungsstelle zu eröffnen. Dort hatte er „im Überfluss Gelegenheit"[33] in Forschungsprojekten seine aufgestellten Hypothesen und Erfahrungen zu überprüfen. Eine sehr bedeutende Erfahrung während seines Wirkens erhielt er durch ein schwer schizophrenes Mädchen, welche ihn selbst in eine tiefe innere Krise trieb.[34] Sein nicht-direktiver Anspruch innerhalb eines Beratungsgesprächs wurde ihm selbst zum Verhängnis. Der nicht- direktive Berater muss seinem Klienten zu jeder Zeit ein Beziehungsangebot machen, welches auf bedingungsloser Wertschätzung und verständnisvoller Zuneigung beruht. Nur so wird es dem Klienten ermöglicht, zunehmend selbstständig und selbstverantwortlich handeln zu können.

---

[32] Bommert S. 16
[33] Rogers in: GwG S. 18
[34] Vgl. ebd. S. 19

Durch dieses einschneidende Erlebnis mit dem jungen Mädchen stellten sich Rogers neue Fragen:

- Was geschieht, wenn ein Klient keinen Gebrauch von diesem Angebot macht und die Freiheit der Wahl und der Selbstbestimmung nicht in Anspruch genommen wird?
- Was geschieht, wenn der Berater aufgrund dieser Haltung der Klientin zunehmend Ablehnungsgefühle, Mistrauen und Zweifel in sich spürt und damit in den Widerspruch zum Gebot der bedingungslosen Akzeptanz und Wertschätzung gerät?

Das Eingestehen seiner negativen Gefühle war für Rogers nur schwer zu vollziehen, passten sie doch nicht in das Bild eines wertschätzenden Beraters. Nach einer längeren Auszeit begab er sich selbst in Therapie eines Kollegen und arbeitete dort an seinen Kindheitserlebnissen.[35] So gelangte Rogers in die Wirklichkeit der anderen Person innerhalb der therapeutischen Beziehung.

In „Client- Centered Therapy" entwickelt Rogers das Konzept der Einfühlung und verlässt das aus der nicht- direktiven Phase bekannte Konzept der Einsicht.[36] Das Konzept der Einsicht sei zu „Intellektualistisch", wenn es das Ziel des Beraters sei, den Klienten beim Klären und Objektivieren seiner Gefühle zu unterstützen.[37]

In Rogers Ansatz geht es darum, für den Klienten kein Lehrmeister zu sein. Der Mensch soll seine eigene Erfahrungen machen und sich bewusst werden, dass das bereits Gedachte selbst Ergebnis von gelebtem Leben ist. Das Menschenbild, das hier implizit angesprochen wird, sieht den Menschen in der Lage, erlebte und gelebte Erfahrungen für sich zu nutzen, ohne von außen mitgeteilt zu bekommen, was für ihn „gut" und „richtig" sei.

Rogers entwickelte in „Client- Centered- Therapy" erstmalig die „Theorie der Persönlichkeit und des Verhaltens"[38], welche in 19 Thesen umrissen wird. Rogers selbst sieht die Thesen jedoch als etwas vorläufiges, nicht endgültiges an.

„Es geht um das Gefühl der Unbestimmtheit und Vorläufigkeit, mit dem wir diese Theorien vorbringen in der Hoffnung, dass sie hier oder dort einen Funken entzünden, der dazu beiträgt, das ganze Gebiet besser zu erhellen und deutlicher sichtbar zu machen."[39]

---

[35] Vgl. Rogers 1984a S. 31
[36] Vgl. Stipsits et al S. 38.
[37] Vgl. Rogers 2009b S. 40f
[38] Rogers 2009b, S. 417

In seiner Persönlichkeitstheorie besitzt das Selbstkonzept[40] einen hohen Stellenwert. Das Selbst eines Menschen formt sich aus der individuellen Auseinandersetzung des Individuums mit seiner Umwelt. Sie ist gewissermaßen das „Erscheinungs- oder Erfahrungsfeld" des Einzelnen (These I). Je nachdem, wie das Individuum wahrgenommen und erfahren wird, reagiert es auf dieses Erfahrungsfeld. Es ist die subjektive Realität des Individuums (These II).[41] Organische und psychische Faktoren sind Teilaspekte des Organismus wollen sich selbst aktualisieren und erhalten (These IV). „Verhalten ist grundsätzlich der zielgerichtete Versuch des Organismus, seine Bedürfnisse, wie sie in dem wahrgenommenen Feld erfahren werden, zu befriedigen."[42] Ein zielgerichtetes Verhalten wird durch Emotionen begleitet und gefördert (These VI). Das Selbstkonzept wird bestimmt durch Erfahrungen, die auch widersprüchlich sein können und nicht im Einklang mit angestrebten Werten und Zielen stehen (Idealkonzept). Werte und Ziele können von anderen übernommen werden, oder aber auch in so verzerrter Form aufgefasst werden, als wären sie direkt übernommen worden (These X). Die neuen Erfahrungen und das Selbstkonzept werden vom Individuum zu vereinen versucht. Jene Erfahrungen, die mit dem Selbstkonzept unvereinbar sind, werden vom Individuum ignoriert oder verzerrt wahrgenommen (These XI). Ansonsten wird diese Erfahrung als Angst auslösende Bedrohung wahrgenommen und kann zu potentiellen psychischen Spannungen führen (These XIV). Divergierende Erfahrungen werden vom Individuum abgewehrt und sein Selbstkonzept wird immer starrer (These XVI). *„Das Individuum kann nicht mehr in freier und angemessener Weise auf wichtige eigene Erfahrungen reagieren, es entsteht Verhaltensunsicherheit und Angst, sowie das Gefühl, die eigene Erlebnis- und Handlungsweise nicht mehr zu verstehen."*[43]

Es müssen Bedingungen geschaffen werden, „zu denen in erster Linie ein völliges Fehlen jedweder Bedrohung für die Selbst- Struktur gehört"[44] und die es dem Individuum ermöglicht, neue Erfahrungen in ein flexibles Konzept zu integrieren (These XVII). Wenn dieser Schritt gelingt, so kann das Individuum verständnisvoller und akzeptierender im Umgang mit anderen auftreten (These XVIII). Der Einzelne kann sein übernommenes

---

[39] Rogers 2009b S. 417
[40] Vgl. Pavel in: GwG S.30f
[41] Vgl. Rogers 2009b S. 419
[42] Rogers 2009b S. 424
[43] Pavel in: GwG S. 30.
[44] Rogers 2009b S. 445

Wertesystem, „das weitgehend auf verzerrt symbolisierten Introjektionen beruhte"[45] ersetzen, indem er einen flexiblen, permanent zu aktualisierenden Wertungsprozess annimmt (These XIX).

Wie auch schon in der nicht- direktiven Phase ist es entscheidend, dass sich ein möglichst sicheres und akzeptierendes Klima entwickelt, welches dem Klienten die Möglichkeit eröffnet, ein starres und möglicherweise blind übernommenes Selbstkonzept zu hinterfragen und in Kongruenz mit sich selbst zu gelangen.

Rogers Erfahrungen als Klient, scheinen dazu beigetragen zu haben, dass er sich noch konsequenter auf die innere subjektive Erlebniswelt des Klienten bezieht und den Ausgangspunkt der beraterischen Tätigkeit markiert. Der Berater muss ein Gespür für die Gefühlswelt seines Klienten entwickeln. Er schlüpft in die Haut des Klienten, geht gewissermaßen in seinen Schuhen einige Schritte in seiner Erfahrungswelt.[46]

„ Unter optimalen Umständen ist der Therapeut so sehr in der privaten Welt des anderen drinnen, das er oder sie nicht nur die Bedeutung klären kann, deren sich der Patient bewusst ist, sondern auch jene knapp unterhalb der Bewusstseinsschwelle. Diese Art des sensiblen, aktiven Zuhörens ist äußerst selten in unserem Leben (...) Dennoch ist diese ganz besondere Art des Zuhörens eine der mächtigsten Kräfte der Veränderung, die ich kenne."[47] Eine mechanische Anwendung von Empathie ist für Rogers keine sinnvolle Technik. Empathie ist der „ Zustand einer Person, die das innere Bezugssystem eines anderen mit allen emotionalen Komponenten und Bedeutungen genau wahrnehmen kann, als ob sie der andere wäre, ohne aber diese „Als- ob- Qualität" aufzugeben."[48] Daraus lässt sich folgender idealisierter Entwicklungsprozess für Klienten ableiten: In seiner inneren Welt fühlt sich der Klient beachtet, lernt „ sich selbst besser verstehen und kann mehr von seinem aktuellen Erleben, das in ihm leibhaft (at a gut level) abläuft, in seinem Bewusstsein zulassen.(...) Die Erfahrung von jemand anderem verstanden zu werden, ist in sich selbst ein machtvoller, die Entwicklung fördernder Faktor."[49] Der Klient befindet sich in einem inneren Kontakt mit sich selbst. Seine Erfahrungen und das Fühlen können freier und ohne Angst betrachtet werden. Immer mehr fühlt sich der

---

[45] ebd. S. 449
[46] Tausch S. 33
[47] Rogers 2007b, S. 68
[48] Alterhoff, S. 84
[49] Rogers 2007a, S. 24

Klient in der Lage, die eigenen Probleme angehen und lösen zu können. Diese Selbsterfahrung führt schließlich zu einer Kongruenz mit sich Selbst.[50]

„Diese Selbstexploration des Klienten wird durch das einfühlende Verstehen des Helfers gefördert ohne bedeutsame Lenkung, ohne Ratschläge, Empfehlungen, Direktiven."[51]

Nicht außer Acht gelassen werden darf dabei eine notwendige „professionelle Distanz".

Dieser Aspekt wird von Finke besonders betont:

„ Um die „innere Welt" des Patienten wirklich ausloten zu können, muss sich der Therapeut vom Erleben des Patienten auch tangieren lassen, muss er ein Stück weit auch eine Gefühlsansteckung zulassen können, darf er nicht jedes Verschmelzungserleben schon im Ansatz abwehren. Dass der Therapeut sich dabei nicht vom Erleben des Patienten überfluten lassen darf, dass er immer wieder dann auch Distanz zu einem eigenen Erleben finden muss, ergibt sich schon aus der Aufgabe der Einfühlung selber, macht aber auch ihre Schwierigkeit aus."[52]

Hier wird deutlich, dass es sehr schwer sein kann, in jedem Fall eine Balance zwischen Nähe und Distanz zu halten.

3.1 Fazit der klientenzentrierten Phase

In dieser zweiten Phase entwickelt sich Rogers Theorie vom Aspekt der Einsicht hin zum Aspekt der Einfühlung. Die individuellen Erfahrungen des Klienten, sein Gefühlsleben und innere Sichtweise werden noch stärker in den Mittelpunkt der therapeutischen Beratung gestellt. Der Berater steht dem Klienten hier begleitend zur Seite, während der Hilfesuchende in einer selbstexplorativen Auseinandersetzung mit seiner Gefühlswelt steht. Das Selbstkonzept des Menschen bildet dabei die erkenntnistheoretische Grundlage. Das Individuum ist bestrebt, organische und psychische Bedürfnisse mit seinem subjektiven Erfahrungsfeld zu vergleichen und zu aktualisieren. Aufgrund potentielle Differenzen zwischen der aktuellen Wahrnehmung und eines teilweise übernommenen Idealkonzeptes können beim Individuum psychische Spannungen erzeugt werden. Dieser, für den Menschen angstauslösenden Zustand, werden nicht zu integrierende Erfahrungen abgewehrt um das Selbstkonzept zu aufrechtzuerhalten. Ein akzeptierendes und verständnisvolles Klima ermöglichen es

---

[50] Vgl. Tausch S. 43
[51] Tausch S. 43
[52] Finke 1994, S. 61 f.

13

dem Individuum jedoch, seine nicht wahrgenommenen Gefühle zu erfahren und zu akzeptieren. Das Selbstkonzept erfährt so eine große Kongruenz.

4. Die personenzentrierte Phase

Carl Rogers ging im Jahr 1957 an die Universität in Wisconsin. Sein drittes Buch trägt den Titel „On Becoming a Person" und beschreibt im ersten Kapitel persönliche Erfahrungen und biographisches zum Thema „Das bin ich"[53].

„Carl der zurückhaltende und scheue Mensch, der perfekte klienten- zentrierte Zuhörer, beginnt in diesem Lebensabschnitt (...) den Focus auf seine eigenen Erfahrungen zu legen und die Kommunikation mit anderen Menschen dadurch zu suchen, indem er von sich spricht. (...) Er erlaubt sich, von sich selber zu sprechen und lädt den Leser ein, an seinen Erfahrungen teilzuhaben bzw. angeregt von seinen Erfahrungen über die eigenen Lebenserfahrungen nachzudenken."[54]

Die Selbstreflexion und autobiographische Merkmale sind in diesem Maße neu für ihn. Das Buch beinhaltet zwölf eigene wichtige Lebenserfahrungen, deren erste sich auch mit der Thematik der Kongruenz beschäftigt:

„In meinen Beziehungen zum Menschen habe ich herausgefunden, dass es auf lange Sicht nicht hilft, so zu tun, als wäre ich jemand, der ich nicht bin. Es hilft nicht, ruhig und freundlich zu sein, wenn ich eigentlich ärgerlich bin und bedenken habe."[55]

Dazu ergänzt er seine zweite Lernerfahrung:

„Mir scheint, ich erreiche mehr, wenn ich mir selbst zustimmend zuhören kann, wenn ich ganz ich selbst sein kann."[56]

Aufgrund seiner nicht- autoritären Arbeitsweise, hatte Rogers erhebliche Schwierigkeiten im Kollegenkreis und ging 1964 nach La Jolla, Kalifornien, wo er an einem privaten Forschungsinstitut tätig war. Hier wendet er sein Wissen von der Einzelfalltherapie auf die Arbeit mit Gruppen an. Er erforschte dabei die Interaktion der Gruppenmitglieder intensiver.[57] Es werden vermehrt sogenannte Encounter- Gruppen gebildet, die sich aus Personen aller gesellschaftlichen Gruppierungen zusammensetzte

---

[53] Vgl Rogers 2009a S. 19ff
[54] Groddeck S. 137 f
[55] Rogers 2009a S. 32
[56] ebd. S. 33
[57] Vgl. Groddeck S. 145 ff

und somit nicht notwendigerweise dem beraterischen oder therapeutischen Umfeld zuzuordnen sind.

„In einer solchen Gruppe lernt das Individuum sich selbst und jeden anderen umfassender kennen, als dies gewöhnlich in der gesellschaftlichen Beziehung möglich wäre. Es lernt die anderen Mitglieder und sein eigenes, inneres Selbst kennen, jenes Selbst, das meist hinter einer Fassade verborgen ist. Daher fällt es ihm innerhalb der Gruppe und später in alltäglichen Situationen leichter, Beziehungen zu anderen herzustellen."[58]

Die schnelle Verbreitung der Encounter- Gruppen hat vor allem mit den in den 60 er-Jahren gesellschaftlichen Rahmenbedingungen zu tun, die neue Formen des menschlichen Umgangs befürworteten.[59] Rogers öffnet sich auch außerhalb des therapeutischen Rahmens und lässt neue Erfahrungen in eine „Theorie der Begegnung" einfließen zu lassen.

Zwei Zitate verdeutlichen den Kerngedanken im Menschenbild Carl Rogers. Zum einen Martin Buber („ In das Leben der Dinge einzugreifen, bedeutet, ihnen wie sich Schaden zuzufügen...Wer sich jemanden auferlegt, hat die geringe, sichtbare Macht; wer sich nicht auferlegt, hat die große, verborgene Macht."[60]) und zum anderen Laotse, der von Rogers zitiert wird: *„Wenn ich vermeide, mich einzumischen, sorgen die Menschen für sich selber. Wenn ich vermeide, Anweisungen zu geben, finden die Menschen selbst das rechte Verhalten. Wenn ich vermeide, zu predigen, bessern die Menschen sich selber, Wenn ich vermeide, sie zu beeinflussen werden die Menschen sie selbst."*[61]

Existentialistische Denkweisen prägen zu dieser Zeit Rogers Menschenbild. Die Grundlage seiner Persönlichkeitstheorie stammt jedoch von Sören Kierkegaard: „das Selbst sein, das man in Wahrheit ist."[62]

Die Betrachtung des therapeutischen Kontextes rückt für Rogers in den Hintergrund. Es geht im nun um „eine noch weiterreichende Hypothese über alle zwischenmenschlichen Beziehungen."[63]

„Es gibt allen Grund anzunehmen, dass die therapeutische Beziehung nur einen Fall zwischenmenschlicher Beziehungen darstellt, und dass die gleiche Gesetzmäßigkeit alle

---

[58] Rogers 1984 S. 16
[59] Vgl. Groddeck S. 143 ff
[60] Rogers in GwG S. 21
[61] ebd. S. 21f
[62] Stipsits in: Stipsits/Hutterer S. 11
[63] Rogers 2009a S. 50

sozialen Beziehungen regelt."[64] "(...) gleichgültig, ob ich von meiner Beziehung zum Klienten, zu einer Gruppe von Studenten oder Kollegen, oder von meiner Beziehung zu meiner Familie oder meinen Kindern spreche."[65]

Rogers zielt auf eine Persönlichkeit ab, die sich in der Begegnung mit Anderen zu einem kongruenten Selbst entwickelt. Erst in der Begegnung mit anderen Menschen erfährt das Individuum etwas über sich selbst. Der Beziehungsaspekt erhält deshalb in der personenzentrierten Phase einen hohen Stellenwert. Die Begegnung von Person zu Person ermöglicht die Entwicklung der Persönlichkeit, sodass für den Berater die Forderung gilt: „ Lerne Menschsein, und behindere dabei nicht andere, Mensch zu sein."[66] Zu dem Aspekt des nicht- direktiven tritt die Forderung nach Authentizität und Person innerhalb der inerpersonellen Begegnung.

In der Begegnung von Therapeut und Klient ist ein vertrauensvolles Verhältnis unerlässlich. Der Klient muss deshalb den Berater in seiner Echtheit wahrnehmen. Der Berater soll er selbst sein mit allen seinen Gefühlen und Einstellungen. Der Berater ist seinem Klienten gegenüber transparent und es entsteht kein Gefühl der floskelartigen Abspeisung oder der „Falschheit" des Therapeuten. Es könnte keine bedingungsfrei akzeptierende Beziehung zwischen Berater und Klient entstehen.

In der nicht- direktiven Phase war Rogers noch der Ansicht, dass nur ein Berater, der in menschlichen Beziehungen feinfühlig ist, seine Arbeit gut verrichte. In den 70er- Jahren bewertet er dies nun anders:

„Im Augenblick bin ich der Meinung, dass von den drei Einstellungen, die der Therapeut besitzen sollte, Echtheit oder Kongruenz die grundlegende ist. Als Therapeut muss ich sehr starkes Einfühlungsvermögen erwerben, um die therapeutische „Arbeit" erfüllen zu können. Ein solches Gespür für das augenblickliche „Sein" einer anderen Person setzt aber voraus, dass ich diese andere Person akzeptiere und ihr einige Hochschätzung entgegenbringe. Diese Haltungen sind jedoch nur dann von Bedeutung, wenn sie wirklich sind, und deshalb muss ich in der therapeutischen Beziehung zuallererst integriert und echt sein."[67]

Der Doppelcharakter der Kongruenz wird bei Rogers deutlich. Es ist zum einen die notwendige therapeutische Haltung, um zu Beginn einen Entwicklungsprozess beim

---

[64] ebd.
[65] Ebd S. 52
[66] Stipsits in: Stipsits/Hutterer S. 13
[67] Rogers 2007a S. 162

Klienten zu initiieren. Zum anderen ist es aber auch das Ziel, dass der Klient durch mehr Kongruenz zu seinem Selbst findet. Rogers spricht in diesem Zusammenhang einen paradoxen Aspekt an:

„Je mehr ich einfach gewillt bin, inmitten dieser ganzen Komplexität des Lebens ich selbst zu sein, um je mehr ich gewillt bin, die Realitäten in mir selbst und im anderen zu verstehen und zu akzeptieren, desto mehr scheint Veränderung in Gang zu kommen. Es ist eine sehr paradoxe Sache- in dem Maße wie jeder von uns gewillt ist, er selbst zu sein, entdeckt er, dass er sich verändert, zu denen er Beziehung hat. Dies ist zumindest ein sehr lebendiger Teil meiner Erfahrung und eine der tiefliegenden Erkenntnisse, die ich in meinem persönlichen und beruflichen Leben gewonnen habe."[68]

Dieses Zitat zeigt, dass Kongruenz im Wesentlichen mit eigenen Erfahrungen zu tun hat. Authentische Menschen sind sich darüber im Klaren, dass sie ihren Erfahrungen trauen können.[69] Die Erfahrungen des Individuums bilden die höchste Autorität und sind in der Regel nichts Geistiges, denn „ich habe gelernt, dass das Gefühl, mit dem mein ganzer Organismus eine Situation wahrnimmt, verlässlicher ist als mein Intellekt."[70]Ein kongruentes Leben mit sich selbst und anderen Menschen entsteht also durch das Vertrauen in sich selbst und den eigenen Erfahrungen. Tritt der Berater als authentische „echte" Person in der therapeutischen Beziehung auf und verhält sich „natürlich und spontan"[71], so werden einige Therapietechniken wie Konfrontieren, Beziehungsklären und Selbsteinbringen [72] derart relevant, dass sie meines Erachtens mit einem streng nicht- direktiven Ansatz schwer vereinbar sind. Ein authentisches Beraterverhalten hat damit zur Folge, dass die Gewichtung des nicht- direktiven Ansatzes zugunsten eines aktiveren Beraterverhaltens verändert wird.

4.1 Fazit der personenzentrierten Phase

Carl Rogers lässt in dieser Phase eine „offene" Arbeitsweise zu und entfernt sich von seinem bisher vertrauten Umfeld der universitären Forschung, Therapie und Beratung. Die Encounter- Gruppen, sowie die dort stattfindenden menschlichen Begegnungen,

---

[68] Rogers 2009a S. 37.
[69] Vgl. ebd. S 38ff
[70] ebd. S. 38
[71] Rogers 2007a S. 199
[72] Vgl. Finke 1994 S. 31ff

erlauben ihm neue persönliche und berufliche Erfahrungen, die ihm selbst die Möglichkeit geben, sich auch außerhalb des therapeutischen Kontextes als kongruente Person wahrzunehmen. Existenzialistische Denkweisen bringen ihn zu der Ansicht, dass sein Ansatz auf fast alle Bereiche des menschlichen Daseins anwendbar ist. Im Vordergrund steht der Beziehungsaspekt in der Begegnung der Person zur Person. Das Individuum solle sich weg von gesellschaftlichen Erwartungen hin zu einem Lebewesen mit größtmöglicher Kongruenz entwickeln. Die Rolle des Beraters ist nicht mehr nur ein professioneller Berater sondern auch „Person und Mensch" mit einem sehr großen Anteil an persönlicher Authentizität in der Klientenbeziehung.

5. Fazit und Ausblick

Der Ansatz von Carl Rogers ist und hat nichts Fertiges und muss sich deshalb in der Praxis immer wieder neu entfalten. Die Anwendung des Ansatzes ist sehr offen und flexibel und arbeitet Hand in Hand mit einem kongruenten Berater. Dieser muss sich anhand seiner eigenen persönlichen und beraterischen Erfahrungen immer wieder aufs Neue auf Begegnungen mit hilfesuchenden Menschen lernen einzulassen und auseinanderzusetzen. Dieser Anspruch schützt vor Selbstgefälligkeit und Ignoranz und kann dem Berater selbst Einblick in die eigenen Schwächen und Unvollkommenheiten geben. Sie zu betrachten und daran nicht zu verzweifeln scheint eine Kunst zu sein, die dem Selbstkonzept von Carl Rogers recht nahe kommt.

Bei allen Möglichkeiten, die dieser Ansatz bietet, ergeben sich aus ihm jedoch auch einige Schwierigkeiten.

Der Schlüsselbegriff des „Selbst" in Rogers Persönlichkeitstheorie ist ein Begriff, der empirisch nicht nachweisbar ist. „Es ist also festzuhalten, dass das Selbst hier als Konstrukt aufgefasst wird, also eine theoretische Modellfigur darstellt. Konstrukte kann man nicht beobachten, sind sie doch transphänomenal."[73] Das „Selbst" kann deshalb empirisch gar nicht greifbar gemacht werden, sodass es auch kein sinnlich erfahrbares wahres Selbst geben. [74] Die Kongruenz und die Aktualisierungstendenz des Individuums sind folglich Begriffe, die sehr schwammig definiert und nicht konkret erfahr- und

---

[73] Kropf S. 58
[74] Vgl. ebd S. 61

erfassbar sind.[75] In der Vorstellung Rogers hat das Individuum die Macht, sein Leben autonom und selbstständig zu gestalten. Diese idealistische Vorstellung vernachlässigt die Tatsache, dass die realen gesellschaftlichen Machtverhältnisse einen bedeutenden Einfluss auf Individuen haben, die eine gleichsam „freie" Entscheidung nicht erlauben.

„Die Annahme, dass das Individuum durch eine positive therapeutische Beziehung völlige Entfaltungsmöglichkeit erhält, kann nur so lange Gültigkeit haben, als sie nicht mit der objektiven gesellschaftlichen Realität kollidiert."[76]

Zudem erscheint ein nicht- direktiver Ansatz mit einem authentischen, „aktiven" Berater nicht machbar zu sein. Die Ausdrucksformen verbaler und non- verbaler Kommunikation sind derartig vielfältig, dass eine Beeinflussung durch den Berater immer gegeben zu sein scheint. „ Es klingt paradox: Um eine nicht- direktive Haltung zu verwirklichen, ist es notwendig, sich der direktiven Anteile klar bewusst zu sein. Nur so können sie verantwortungsvoll gehandhabt und auf ein Minimum beschränkt werden."[77]

„Therapeutische Beziehungen, pädagogische Beziehungen, Partnerbeziehungen sind nicht alles dieselbe Beziehung."[78] Problematisch scheint zudem die Ansicht Rogers, die Theorie der therapeutischen Beziehung auf fast alle anderen Lebensbereiche übertragen zu können. Partnerschaftliche Beziehungen werden von Individuen auf Augenhöhe geführt, während die therapeutische Beziehung anders gelagert ist. Der Berater soll durch eine kongruente, empathische und akzeptierende Haltung den Prozess der Selbstaktualisierung beim Klienten auslösen. Der Berater ist der Experte, der in die Haut des Klienten schlüpft und nicht umgekehrt. Eine therapeutische Beziehung ist keine partnerschaftliche Beziehung, sondern eine einseitige Beziehung mit differenzierten Aufgaben und Rollen.

---

[75] Vgl. Bommert S. 44ff
[76] Bommert S. 45
[77] Pörtner S. 74
[78] Ebd. S. 75

6. Schluss

Der anfänglich spezifisch neue individualistische, psychotherapeutische Ansatz Carl Rogers entwickelte sich hin zu einer universellen Gesellschaftstheorie. Diese Entwicklung fand seine Begründung im „Wesen" dieses Ansatzes. Er ist sehr offen mit wenigen Vorgaben. Die Erfahrungen sollte jedes Individuum für sich machen, ohne dass der Berater als Lehrmeister auftrat. Zudem entsprach dieser humane Ansatz den Bedürfnissen einiger gesellschaftlicher Gruppen, die neue demokratische Formen für das menschliche Zusammenleben suchten.

Eine Beurteilung dieses Ansatzes ist aufgrund seiner Komplexität nur schwer möglich. Der offene Charakter des Ansatzes beinhaltet aber auch gleichzeitig seine Schwäche. Eine mögliche Anwendung auf fast alle Lebenslagen die „irgendwie" und von „jedermann" durchzuführen ist, nimmt der Theorie die Schärfe: Allzu Allgemeines verwässert leicht zur Beliebigkeit.[79] „ Wo alle Unterschiede verwischt sind, können auch die Gemeinsamkeiten nicht erkannt werden. Diese Vernachlässigung der Unterschiede gefährdet die klientenzentrierte Psychotherapie ebenso wie den personenzentrierten Ansatz."[80]

Ein Konzept, das konsequent nicht- direktiv verläuft, scheint in der Praxis schwer realisierbar. Nach Watzlawick ist es nicht möglich „nicht zu kommunizieren" und deshalb können wir auch „nicht nicht beeinflussen und es also eigentlich keine nicht-direktive Therapie gibt"[81].

Der Begriff „personenzentriert" scheint besonders dann angebracht, wenn es um gesellschaftliche Fragen allgemein geht. In einem therapeutischen oder beraterischen Rahmen macht es Sinn, den Begriff „klientenzentriert" zu verwenden.

Das Wesentliche dieses Ansatzes ließe sich leicht auf die beschriebenen „Basisvariablen" reduzieren. „Die auf dem Menschenbild des Personenzentrierten Ansatzes basierenden Grundhaltungen wie Empathie, Kongruenz und Wertschätzung haben ihren Wert als anpassungsfähige Grundlage für Beratung (...) immer wieder bewiesen. Berichte von Absolventen in klientenzentrierter Gesprächsführung zeigen zudem, dass personenzentriertes Arbeiten immer Halt und Sicherheit gibt, Kommunikation und

---

[79] Vgl. Hutterer in: Stipsits et al. S. 4
[80] Pörtner S. 132
[81] Lietaer in: Sachse, Lietaer, Stiles S.11

Konfliktlösungsfähigkeit verbessert, zu mehr Effektivität am Arbeitsplatz und zu höherer Arbeitszufriedenheit führt."[82]

Die Grundhaltungen sind elementar für diesen Ansatz und bieten Zugang zu neuen „Möglichkeiten, sich und anderen zu begegnen."[83] Der Ansatz ist jedoch nicht fertig konzipiert und gibt auch keine endgültigen Antworten vor. Er ist ungeeignet für Menschen, die vorgegebene Antworten suchen, statt sich selbst um Erkenntnis und Entwicklung zu bemühen. Der Ansatz ist eine Einladung zur Selbstentdeckung.[84] Er setzt eine permanente Auseinandersetzung mit der individuellen Wirklichkeit und der Wirklichkeit des Anderen voraus. Als Ausdruck dieser Offenheit brachte der Ansatz mit den Jahren eine Vielfalt von weiterführenden personenzentrierten Ansätzen hervor.

---

[82] Barg/Schubert in: Gahleitner et al. S. 18
[83] Stevens/Rogers, Untertitel
[84] Vgl. Rogers 1974 S. 153

Alterhoff, Gernot (1994): Grundlagen klientenzentrierter Beratung. 2. Auflage. Stuttgart: Kohlhammer.

Bommert, Hanko (1982): Grundlagen der Gesprächspsychotherapie. Theorie, Praxis, For- schung. 3. Auflage. Stuttgart: Kohlhammer.

Doubrawa, Anke / Doubrawa, Erhard / Rogers, Carl R. / Stevens, Barry (2005): Von Mensch zu Mensch: Möglichkeiten, sich und anderen zu begegnen. 2. Auflage. Köln: Peter Hammer.

Finke, Jobst (1994): Empathie und Interaktion. Methodik und Praxis der Gesprächspsychothe- rapie. Stuttgart: Thieme.

Gesellschaft für wissenschaftliche Gesprächspsychotherapie (1988): Orientierung an der Per- son: Band 2 Jenseits von Psychotherapie. Gesprächspsychotherapie und Personzentrierte Be- ratung 2/2005. Köln: GwG.

Gesellschaft für wissenschaftliche Gesprächspsychotherapie e.V. (1989): Die klienten- zentrierte Gesprächspsychotherapie. 4. Auflage. Frankfurt am Main: Fischer.

Groddeck, Norbert (2002): Carl Rogers. Wegbereiter der modernen Psychotherapie. Darm- stadt: Primus.

Höger, Diether (2007): Der personzentrierte Ansatz und die Bindungstheorie. In: Kriz, Jürgen / Slunecko, Thomas: Gesprächspsychotherapie. Die therapeutische Vielfalt des person- zentrierten Ansatzes. Wien: Facultas.

Kropf, Detlef (1976): Grundprobleme der Gesprächspsychotherapie. Göttingen: Hogrefe.

Nykl, Ladislav / Motschnik, Renate (2009): Konstruktive Kommunikation. Sich und andere verstehen durch personenzentrierte Interaktion. Stuttgart: Klett-Cotta.

Pavel, Falk-Giselher (1989): Die Entwicklung der klientenzentrierten Psychotherapie in den USA von 1942-1973. In: Gesellschaft für wissenschaftliche Gesprächspsychotherapie e.V. Die klientenzentrierte Gesprächspsychotherapie. 4. Auflage. Frankfurt am Main: Fischer, S. 25-41.

Pörtner, Marlis (1994): Praxis der Gesprächspsychotherapie. Stuttgart: Klett-Cotta.

Rogers, Carl R. (1972): Die nicht-direktive Beratung. Counseling and Psychotherapy. Mün- chen: Kindler.

Rogers, Carl R. (1974): Lernen in Freiheit. Zur Bildungsreform in Schule und Universität. München: Kösel.

Rogers, Carl R. (1984): Partnerschule. Zusammenleben will gelernt sein – das offene Ge- spräch mit Paaren und Ehepaaren. Frankfurt am Main: Fischer.

Rogers, Carl. R. (1984a): Encounter-Gruppen. Das Erlebnis der menschlichen Begegnung. Frankfurt am Main: Fischer.

Rogers, Carl R. / Rosenberg, Rachel L. (2005): Die Person als Mittelpunkt der Wirklichkeit. 2. Auflage. Stuttgart: Klett-Cotta.

Rogers, Carl R. (2007): Die nicht-direktive Beratung. 12. Auflage. Frankfurt am Main: Fi- scher.

Rogers, Carl R. / Lewis, Madge K. / Pfeiffer, Wolfgang M. (2007a): Therapeut und Klient. Grundlagen der Gesprächspsychotherapie. 19. Auflage. Frankfurt am Main: Fischer.

Rogers, Carl R. (2007b): Der neue Mensch. Stuttgart: Klett-Cotta.

Rogers, Carl R. (2009a): Eine Therapie der Psychotherapie, der Persönlichkeit und der zwischenmenschlichen Beziehungen. München: Reinhardt.

Rogers, Carl R.(2009b): Entwicklung der Persönlichkeit. Psychotherapie aus der Sicht eines Therapeuten. 17. Auflage. Stuttgart: Klett-Cotta.

Rogers, Carl. R. (2009c): Die klientenzentrierte Gesprächspsychotherapie. 18. Auflage. Frankfurt am Main: Fischer.

Sachse, Rainer / Lietaer, Germain / Stiles, William B. (1992): Neue Handlungskonzepte der klientenzentrierten Psychotherapie. Heidelberg: Asanger.

Stipsits, Reinhold / Hutterer, Robert (1988): Person werden. Theoretische und gesellschaftli- che Aspekte des personenzentrierten Ansatzes von Carl R. Rogers. Frankfurt am Main: Haag und Herchen.

Tausch, Reinhard / Tausch, Anne-Marie (2009): Gesprächs-Psychotherapie. Hilfreiche Grup- pen- und Einzelgespräche in Psychotherapie und alltäglichem Leben. 9. Auflage. Göttingen: Hogrefe.

Weinberger, Sabine (2008): Klientenzentrierte Gesprächsführung. Lern- und Praxisanleitung für psychosoziale Berufe. 12. Auflage. Weinheim: Juventa.

Milton Keynes UK
Ingram Content Group UK Ltd.
UKHW042212310723
426074UK00023B/505

9 783668 164291